EXPERIÊNCIA COMO RESIDENTE PEDAGÓGICO EM TEMPOS DE PANDEMIA

Coleção Relatos de Si

Cassiane Teixeira Costa
Marcos Roberto da Silva
Gabriel Araújo Freitas
Sinara Costa Pereira Silva

Editora IGM
2022

Dados Internacionais de Catalogação na Publicação (CIP)

C838e

Costa, Cassiane Teixeira.

Experiência como residente pedagógico em tempos de pandemia / Cassiane Teixeira Costa; Marcos Roberto da Silva; Gabriel Araújo Freitas; Sinara Costa Pereira Silva. Coleção Relatos de Si. Volume: 8. Goiânia: IGM, 2022.

36 p. : il. ; 14 cm

ISBN: 978-65-80508-61-7

1. Educação. 2. Tecnologias. 3. Robótica. 4. Matemática
I. Título

CDU: 37
CDD: 370

Sumário

Introdução

Os dados de nossa pesquisa foram produzidos em meio as nossas experiências ligadas ao projeto de extensão "Matemática com Robótica" do Curso de Matemática da Universidade Estadual de Goiás, Câmpus Sudoeste, Sede Quirinópolis, em parceria com o CPMG (Colégio da Polícia Militar do Estado de Goiás) Pedro Ludovico.

No módulo I, em nossa primeira reunião online via Google *Meet*[1] discutimos sobre o que seria trabalhado neste primeiro

---

[1] é um serviço de comunicação por vídeo desenvolvido pelo Google.

módulo, com isso chegamos a conclusão da criação de um mundo inventivo usando a robótica, onde cada grupo ficaria responsável pela criação de um diferente.

Com base nas concepções de *Educação Matemática Inventiva* (SILVA, 2020; SILVA & SOUZA JR, 2019, 2020a, 2020b), nossa relação com os conhecimentos matemáticos e com a robótica ocorreu na perspectiva da invenção de problemas, da invenção de si e da invenção de mundo.

Figura 1: Educação Matemática Inventiva

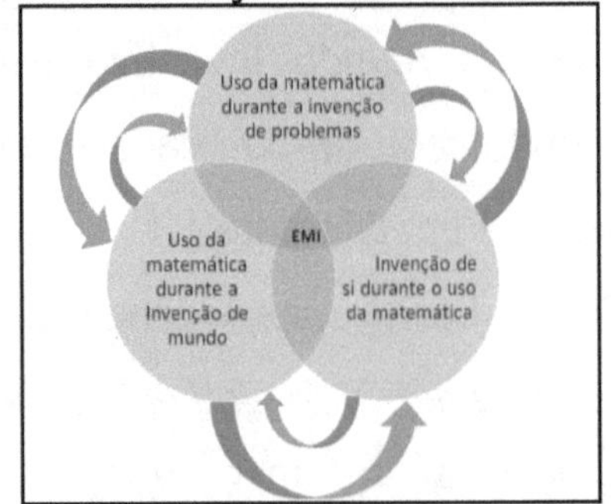

Fonte: Silva & Souza Jr. (2020).

O presente trabalho entre outros (NASCIMENTO et al., FERNANDES et al., LOPES SILVA et al., COSTA et al., ALVES et al., DA SILVA et al., LEÃO et al.) é fruto das nossas ações colaborativas no residência pedagógica.

Resultados e Discussão

Começamos os preparativos, para isso nos fundamentamos nos conteúdos trabalhados no 9° (nono) ano do Ensino Fundamental II, mais precisamente em Geometria o qual as opções e criatividades eram bem extensas, logo reunimos o que precisávamos e gravamos o vídeo. Posteriormente, produzimos 10 (dez) questões sobre o tema escolhido. Como mostra a imagem.

Figura 2: Problemas inventivos

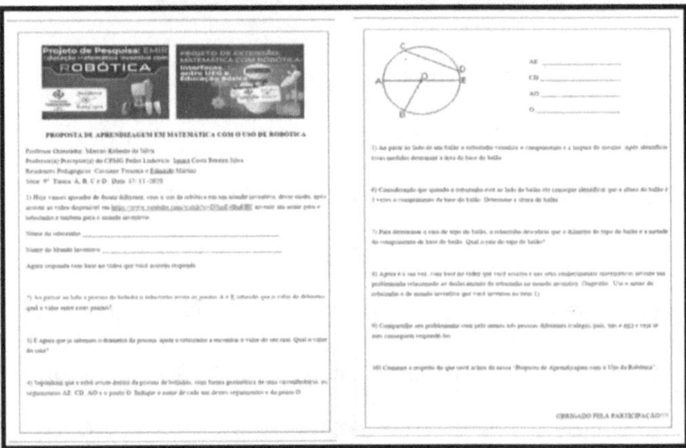

Fonte: Os autores

Após a gravação do vídeo relacionado aos conceitos de Geometria, fomos separados em duplas de residentes pedagógicos os quais ficaram responsáveis em produzir aproximadamente 10 (dez) problemas inventivos.

Por estarmos atravessando um período de pandemia, a proposta foi trabalhada remotamente via Google *Meet*, e apresentada em duas aulas de 50 (cinquenta) minutos cada no 9° (nono) ano (turmas: A, B, C e D).

Contamos com a participação de cerca de 40 (quarenta) alunos do Colégio da Polícia Militar de Goiás Pedro Ludovico.

No dia 24 (vinte e quatro) de novembro de 2020 (dois mil e vinte), de forma remota via Google Meet, aconteceu a realização da aula e a apresentação do mundo inventivo. Primeiro colocamos os mesmos para assistirem ao vídeo via link[2], e logo após iniciamos nossas provocações por meio de nossos problemas inventivos.

Na figura 3 temos um exemplo da construção de conhecimento produzido coletivamente com os estudantes durante uma de nossas provocações feitas por meio da interação com um de nossos problemas inventivos durante o contato com o vídeo que produzimos do *mundo inventivo.*

---

2 Disponível em: <https://www.youtube.com/watch?v=DSjoE4BnRBE&t=6s>. Acesso em 30 mar. 2022.

Figura 3: Altura do balão

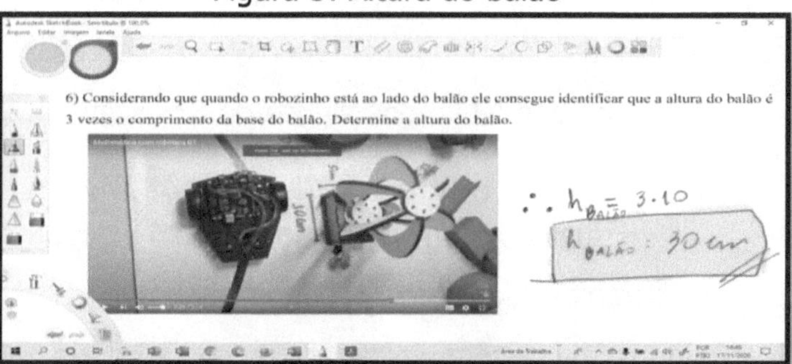

Fonte: Os autores

Nos 10 (dez) problemas inventivos compartilhados com os estudantes de maneira diferente, foram observados uma maior disposição em participar das aulas.

Neste sentido, vale ressaltar nossa segunda experiência direta com alunos que foi uma aula dada aos estudantes, obtivemos uma conversa com o professor preceptor onde o mesmo informou conteúdos que seriam dados no ano letivo dos alunos do 8° (oitavo) ano.

Junto com a criação do vídeo, elaboramos algumas atividades para que os alunos pudessem explorar o conceito de potenciação. A seguir apresentamos na figura 4, as atividades propostas.

Figura 4: Atividades potenciação

ATIVIDADES PROPOSTAS - POTENCIAÇÃO

1-Calcule as seguintes potências indicadas:

A) 2^3
B) 5^3
C) 4^2
D) 16^2
E) 20^3
F) 33^2
G) 102^2
H) 8^0
I) 8^1
J) 0^1

2-Calcule as multiplicações e divisões das potências de mesma base:

a) $5^7 . 5^4$

b) $3^5 . 3^2$

c) $7^4 . 7^2$

d) $5^7 : 5^4$

e) $3^5 : 3^3$

f) $7^4 : 7^2$

g) $2^8 : 2^6$

Fonte: Os autores

Após gravar o vídeo enviamos aos alunos no grupo do aplicativo *WhatsApp*[3], esperamos alguns minutos e posteriormente socializamos as atividades propostas, onde as mesmas eram de fácil entendimento, os alunos do 8° (oitavo) ano foram muito receptivos e animados com os residentes pedagógicos, conversaram muito e fizeram algumas perguntas, alguns minutos depois eles enviaram a respostas das atividades a maioria estavam com as respostas corretas.

No módulo II, decidimos trabalhar novamente com sólidos geométricos. Através das informações obtidas foi possível aos participantes do grupo de pesquisa descobrir uma série de soluções e possibilidades inventivas, que não apenas enriqueceram o

---

[3] é um aplicativo multiplataforma de mensagens instantâneas e chamadas de voz para smartphones.

trabalho desenvolvido, mas que proporcionaram uma experimentação única, capaz de potencializar a formação acadêmica dos envolvidos, pois tratava-se de uma proposta educacional desafiadora.

Logo após nossas reuniões de orientações coletivas, decidimos colocar em prática nossas ideais, começamos a fazer os objetos que seriam usados no nosso mundo inventivo, e ele ficou assim:

Figura 5: Cenário inventivo

Fonte: Os autores

Com base nas concepções de EMI com robótica, nossa relação com os conhecimentos matemáticos e com a robótica ocorreu na perspectiva da invenção de problemas, da invenção de si e da invenção de mundo.

Figura 6: Problemas inventivos

Fonte: Os autores

E assim foram materializados 14 (quatorze) problemas inventivos de matemática propostos na figura 6 só podiam ser respondidos ao explorarem o vídeo produzido na maquete, pois somente nele contém os dados que necessitam. O nosso projeto foi apresentado aos alunos do colégio militar, no módulo III.

Posteriormente, apresentamos nosso projeto no II seminário de RP, a apresentação foi realizada no dia 23/09/2021, na figura 7, temos parte da apresentação do projeto feito no Residência Pedagógica durante o módulo II, o qual foi já relatado momentos anteriores no presente livro.

Figura 7: Problemas inventivos

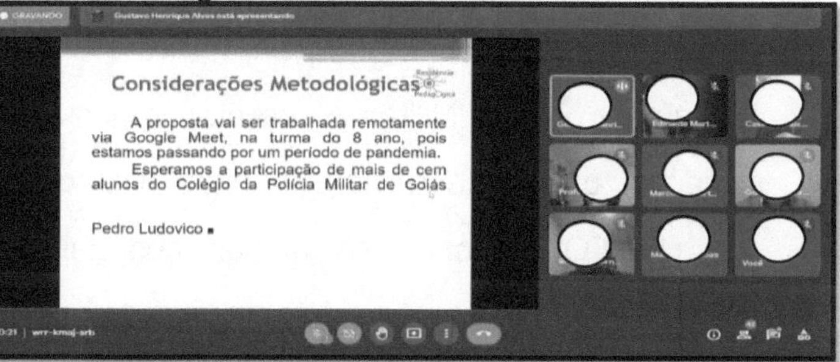

Fonte: Os autores

Além do seminário, também tivemos outra oportunidade ministrar aulas aos estudantes do 8° (oitavo) ano do colégio militar, o conteúdo ministrado dessa vez foi equação do 1° (primeiro) grau, logo após gravamos um vídeo e foi compartilhado com os mesmos.

No módulo III, colocamos o nosso projeto do módulo II em prática, fomos até o Colégio da Polícia Militar apresentar o nosso trabalho, usamos a tecnologia onde fizemos um QR CODE[4], onde os alunos poderiam acessar. Na figura 07, é apresentado os residentes pedagógicos, professor preceptor e professor orientador participantes desta intervenção pedagógica.

---

4 é um código de barras, ou barrametrico, bidimensional, que pode ser facilmente escaneado usando a maioria dos telefones celulares equipados com câmera.

Figura 8: Aplicação do projeto de intervenção

Fonte: Os autores

Na figura 9, veja os alunos acessando o vídeo através do QR CODE, eles acharam o máximo de poder usar o próprio telefone para realização das atividades.

Figura 9: Problemas inventivos

Fonte: Os autores

Os alunos que participaram, foram do 8° (oitavo) ano do Ensino Fundamental II, duas turmas de cada vez, primeiro foi o 8° (oitavo) A e B, logo após C e D, usamos o pátio para não comprometer o distanciamento.

Pudemos perceber que os estudantes gostaram muito e se divertiram ao longo do processo, pois houve um prêmio para quem concluísse a atividade primeiro.

Figura 10: Alunos premiados durante a proposta de ensino

Fonte: Os autores.

Vale ressaltar que os prêmios não eram no sentido que um discente foi melhor que o outro, foi somente um detalhe que propusemos a fazer para tornar o momento mais marcante na vida destes alunos, onde temos a intenção de voltarmos e fazermos novas intervenções pedagógicas.

Considerações Finais

Ao longo de todos esses trabalhos fomos desafiados desde o primeiro momento, ao criarmos um mundo inventivo, atividades que iriam compô-lo, aula em contato direto com os alunos e aos poucos edificamos nosso autoconhecimento.

O decorrer do processo nos forçou a ter paciência e umas das principais formas foi ter empatia, pois estamos passando por um momento delicado no mundo todo, no qual a minha realidade não é a realidade do outro, seja dos alunos ou até mesmo dos nossos colegas residentes.

Momento este, que alguns não possuem nem mesmo acesso à internet. Desta maneira, pude notar que mesmo em meio a muitas dificuldades enfrentadas por meio de aulas remotas, ainda pudemos obter experiências de aprendizagem via Web, através da inventividade e do conhecimento, mesmo com barreiras. Isso fez com que o nosso crescimento pessoal e profissional fosse muito grande, meu contato com os estudantes foi gradual e gratificante, onde irá repercutir por toda a minha carreira como futura docente.

Referências

Alves, G. H., da Silva, M. R., Freitas, G. A., & Silva, S. C. P. (2022). TC6 ENSINAR MATEMÁTICA DE UMA FORMA DIFERENTE. ***Anais do Seminário de Ensino, Pesquisa e Extensão do Câmpus Sudoeste, 1, 103-111.*** Disponível em: < https://www.anais.ueg.br/index.php/sepe_sudoeste/article/view/15173/12128>. Acesso em: 07 fev. 2022.

BARBOSA, F. C. Rede de Aprendizagem em Robótica: uma perspectiva educativa de trabalho com jovens. 2016. 366 f. Tese (Doutorado em Educação e Ciências Matemáticas) – Programa de Pós-Graduação em Educação, Universidade Federal de Uberlândia. 2016. DOI: < https://doi.org/10.14393/ufu.te.2016.62>. Disponível em: <

https://repositorio.ufu.br/handle/123456789/17564>. Acessado em: 12 mar. 2022.

BRASIL. Ministério da Educação. Base Nacional Comum Curricular – Versão Final. Brasília, 2018. Disponível em: <encurtador.com.br/akyzP>. Acesso em: 21 jan. 2022.

Costa, K. G., da Silva, M. R., Freitas, G. A., Garcia, D. F., & Zuliani, L. B. P. (2022). TC5 EDUCAÇÃO MATEMÁTICA INVENTIVA: PRODUZINDO PROPOSTAS EDUCACIONAIS DE MATEMÁTICA. ***Anais do Seminário de Ensino, Pesquisa e Extensão do Câmpus Sudoeste, 1, 93-102.*** Disponível em: < https://www.anais.ueg.br/index.php/sepe_sudoeste/article/view/15171/12127>. Acesso em: 07 fev. 2022.

DELEUZE, G. O que é um dispositivo? In: DELEUZE, G. O mistério de Ariana. Lisboa: Vega, 1996, p. 83-96.

de Oliveira Nascimento, E. M., da Silva, M. R., Freitas, G. A., & Silva, S. C. P. (2022). TC1 APRENDIZADO PEDAGÓGICO EM PERÍODO DE PANDEMIA: UMA EXPERIÊNCIA EDUCACIONAL COMO RESIDENTE DE MATEMÁTICA NA UNIVERSIDADE ESTADUAL DE GOIÁS. ***Anais do Seminário de Ensino, Pesquisa e Extensão do Câmpus Sudoeste, 1, 59-66.*** Disponível em: < https://www.anais.ueg.br/index.php/sepe_sudoeste/article/view/15167/12121>. Acesso em: 07 fev. 2022.

da Silva, M. P., da Silva, M. R., Freitas, G. A., & Garcia, D. F. (2022). TC9 INTERVENÇÃO PEDAGÓGICA COM ROBÓTICA NO PROGRAMA FEDERAL RESIDÊNCIA PEDAGÓGICA. ***Anais do Seminário de Ensino, Pesquisa e***

Extensão do Câmpus Sudoeste, 1, 129-136. Disponível em: <https://anais.ueg.br/index.php/sepe_sudoeste/article/view/15176/12130>. Acesso em: 07 fev. 2022.

dos Santos Leão, M., da Silva, M. R., Freitas, G. A., & Garcia, D. F. (2022). TC12 RELATO DE EXPERIÊNCIA: EDUCAÇÃO MATEMÁTICA INVENTIVA COM ROBÓTICA. ***Anais do Seminário de Ensino, Pesquisa e Extensão do Câmpus Sudoeste, 1, 152-159.*** Disponível em: <https://anais.ueg.br/index.php/sepe_sudoeste/article/view/15179/12134>. Acesso em: 07 fev. 2022.

Fernandes, D. M., da Silva, M. R., Freitas, G. A., & Garcia, D. F. (2022). TC3 EDUCAÇÃO MATEMÁTICA INVENTIVA COM ROBÓTICA EM TEMPOS DE PANDEMIA. ***Anais do Seminário de Ensino, Pesquisa e***

Extensão do Câmpus Sudoeste, 1, 76-83. Disponível em: <https://www.anais.ueg.br/index.php/sepe_sudoeste/article/view/15169/12126>. Acesso em: 07 fev. 2022.

KASTRUP, V. **A invenção de si e do mundo: uma introdução do tempo e do coletivo no estudo da cognição**. Belo Horizonte: Autêntica, 2007a. 256 p.

KASTRUP, V. **Aprendizagem, arte e invenção. Psicologia em Estudo**, Maringá, v. 6, n. 1, p. 17-27, jan./jun. 2001. DOI: https://doi.org/10.1590/S1413-73722001000100003. Disponível em: http://www.scielo.br/pdf/pe/v6n1/v6n1a03.pdf. Acesso em: 10 fev. 2022.

MATARIĆ, M. J. **Introdução à robótica** / tradução Humberto Ferasoli Filho, José

Reinaldo Silva, Silas Franco dos Reis Alves. São Paulo: Editora Unesp/Blucher, 2014.

MATURANA, H..; VARELA, F.. A árvore do conhecimento. Tradução Jonas Pereira dos Santos. São Paulo: Editorial Psy II, 1995.

SILVA, Náabis Lopes et al. TC4 EDUCAÇÃO MATEMÁTICA INVENTIVA: GEOMETRIA PLANA E ESPACIAL UTILIZANDO A ROBÓTICA. **Anais do Seminário de Ensino, Pesquisa e Extensão do Câmpus Sudoeste**, v. 1, p. 84-92, 2022. Disponível em: <https://anais.ueg.br/index.php/sepe_sudoeste/article/view/15170/12125>. Acesso em: 07 fev. 2022.

SILVA, M. R., SOUZA. JR., A. J. O uso da robótica na perspectiva da educação matemática inventiva. **ETD - Educação Temática Digital**, 22(2), 406-420. 2020a.

https://doi.org/10.20396/etd.v22i2.8654828. Disponível em: <https://periodicos.sbu.unicamp.br/ojs/index.php/etd/article/view/8654828/22391>. Acesso em: 12 mar. 2022.

SILVA, M. R., SOUZA. JR., A. J. Educação Matemática Inventiva: interfaces entre universidade e escola. Revista de Ensino de Ciências e Matemática (REnCiMa), v. 11, p. 212-224, 2020b. DOI: https://doi.org/10.26843/rencima.v11i3.2463. Disponível em: <https://revistapos.cruzeirodosul.edu.br/index.php/rencima/article/view/2463/1266>. Acesso em: 07 fev. 2022.

SILVA, M. R. Experiência com robótica educacional no estágio-docência: uma perspectiva inventiva para formação inicial dos professores de matemática. 2020. 252 f. Tese (Doutorado em Educação) – Universidade

Federal de Uberlândia, Uberlândia, 2020. DOI: https://doi.org/10.14393/ufu.te.2020.222. Disponível em: https://repositorio.ufu.br/handle/123456789/29034. Acesso em: 30 jan. 2022.

SILVA, M. R., SOUZA. JR., A. J. Educação Matemática Inventiva: fruto de uma pesquisa com o uso de robótica no estágio-docência. In: XIII ENEM - Encontro Nacional de Educação Matemática. 2019. Cuiabá-MT. Portal de eventos - sbem / Mato Grosso. Disponível em: <https://www.sbemmatogrosso.com.br/eventos/index.php/enem/2019/paper/view/681>. Acesso em: 30 jan. 2022.

SILVA, M. R. Matemática com Robótica: propostas de aprendizagem com interação virtual. Coleção Educação Matemática Inventiva. Livro Híbrido, volume: I. Goiânia: IGM, 2021. 25 p. Disponível em:

<https://clubedeautores.com.br/livro/matematica-com-robotica>. Acesso em 27 mar. 2022.

SILVA, M. R. Matemática com Robótica: propostas de aprendizagem com interação virtual. Coleção Educação Matemática Inventiva. Livro Híbrido, volume: II. Goiânia: IGM, 2021. 25 p. Disponível em: <https://clubedeautores.com.br/livro/matematica-com-robotica-iii>. Acesso em 27 mar. 2022.

SILVA, M.R. Matemática com Robótica: propostas de aprendizagem com interação virtual. Coleção Educação Matemática Inventiva. Livro Híbrido, volume: III. Goiânia: IGM, 2021. 25 p. Disponível em: <https://clubedeautores.com.br/livro/matematica-com-robotica-ii>. Acesso em 27 mar. 2022.

www.ingramcontent.com/pod-product-compliance
Lightning Source LLC
LaVergne TN
LVHW041302150826
845673LV00008B/2695
9786580508617